만화로 배우는

문해력 상승

★ ★ ★ ★

또박또박 따라쓰기 맞춤법

KB020720

이젠국어연구소 지음

이젠교육

이 책의 구성과 활용 방법

우동

만화로 배울 낱말을 미리 보기

배울 낱말이 무엇인지 미리 살펴보아요.

재미있는 만화로 실생활 속에서
헷갈리는 말을 언제 어떻게 쓰는지 알아보아요.

낱말 따라 쓰기

두 가지의 헷갈리는 말의
뜻을 각각 알아보아요.

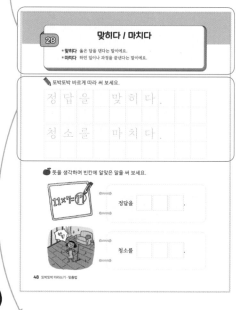

예를 통해 두 가지의 헷갈리는 말을
언제 어떻게 쓰는지 생각하며
따라 써 보아요.

아빠

이 책은 재미있고 쉽게 맞춤법을 익힐 수 있는
따라 쓰기 책이에요. 이 책을 따라 순서대로 읽고 써 보면
놀이하듯 맞춤법을 익힐 수 있어요.

또리

또미

문제로 확인하기

알맞은 글씨체와 칸 크기에 맞게
낱말을 따라 써 보아요.

쉽고 재미있는 그림 문제를 풀며
낱말을 익혀요.

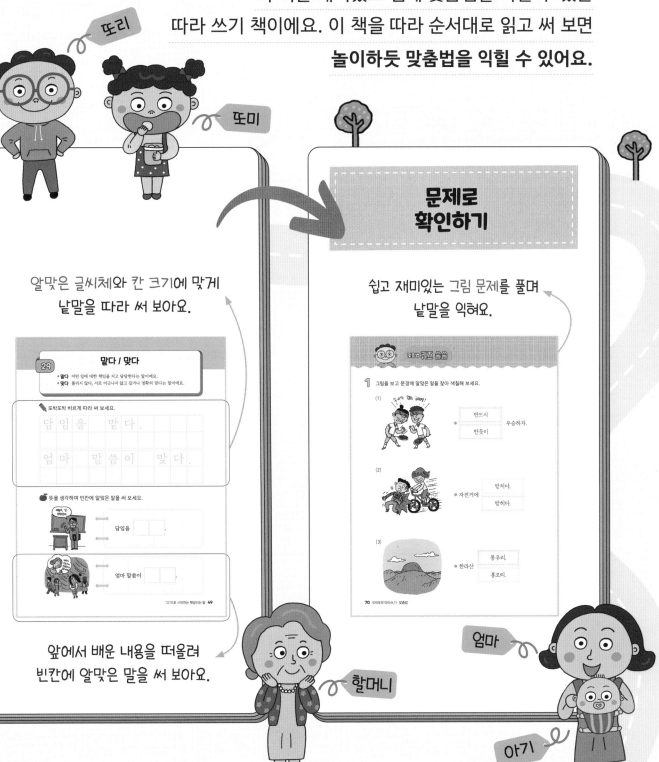

앞에서 배운 내용을 떠올려
빈칸에 알맞은 말을 써 보아요.

할머니

엄마

아기

이 책의 차례

짜장

'ㅅ'으로 시작하는 헷갈리는 말

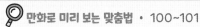 만화로 미리 보는 맞춤법 • 72~73

'ㅇ'으로 시작하는 헷갈리는 말

 만화로 미리 보는 맞춤법 • 86~87

'ㅈ~ㅎ'으로 시작하는 헷갈리는 말

 만화로 미리 보는 맞춤법 • 100~101

'그'으로 시작하는 헷갈리는 말

🔍 **만화 속 헷갈리는 말**

가르치다 / 가리키다 ● 거름 / 걸음
겨루다 / 겨누다 ● 껍질 / 껍데기

가르치다 / 가리키다

- **가르치다** 일러 주어 알게 하거나 익히게 한다는 말이에요.
- **가리키다** 손가락이나 손에 든 물건으로 무엇이 있는 쪽을 알리는 거예요.

 또박또박 바르게 따라 써 보세요.

공	부	를		가	르	치	다	.	

서	쪽	을		가	리	키	다	.	

🍎 뜻을 생각하며 빈칸에 알맞은 말을 써 보세요.

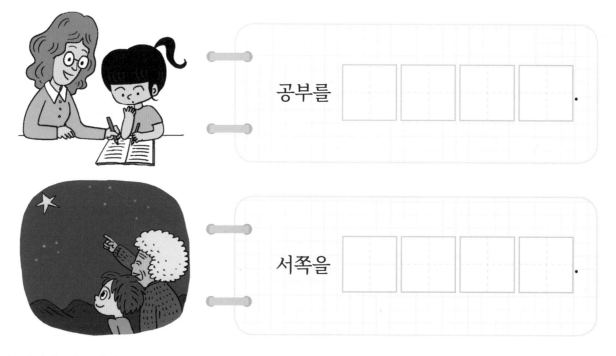

공부를 ☐☐☐☐.

서쪽을 ☐☐☐☐.

02 값 / 삯

- **값** 무엇을 사기 위하여 파는 사람에게 주어야 하는 돈이에요.
- **삯** 일을 한 값으로 주는 돈이나 물건이에요. 또는 어떤 물건이나 시설을 이용하고 주는 돈이에요.

✏️ 또박또박 바르게 따라 써 보세요.

물	건	의		값	을		치	르	다.

일	하	고		받	은		삯	.	

🍎 뜻을 생각하며 빈칸에 알맞은 말을 써 보세요.

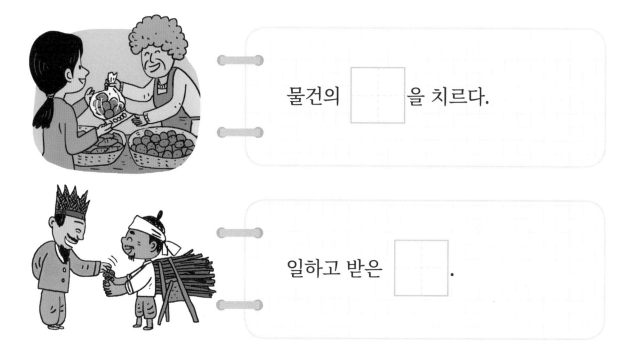

물건의 ☐ 을 치르다.

일하고 받은 ☐ .

갔다 / 같다

- **갔다** 한곳에서 다른 곳으로 움직인다는 말이에요.
- **같다** 서로 다르지 않고 하나라는 말이에요.

 또박또박 바르게 따라 써 보세요.

산	에		갔	다	.			

키	가		같	다	.			

🍎 뜻을 생각하며 빈칸에 알맞은 말을 써 보세요.

산에 ☐☐ .

키가 ☐☐ .

개발 / 계발

04

- **개발** 주로 자연에 사람의 힘을 보태 인간에게 쓸모가 있게 만드는 거예요.
- **계발** 사람이 가지고 있는 능력을 밖으로 드러내어 발휘할 수 있도록 일깨워 주거나 이끌어 주는 거예요.

✏️ 또박또박 바르게 따라 써 보세요.

| 수 | 자 | 원 | | 개 | 발 | . | | |

| 소 | 질 | | 계 | 발 | . | | | |

🍎 뜻을 생각하며 빈칸에 알맞은 말을 써 보세요.

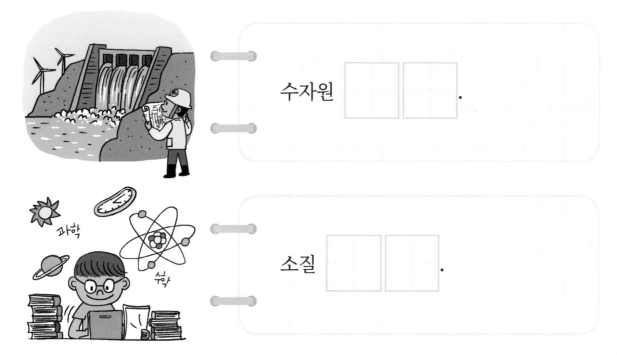

수자원 [ ][ ] .

소질 [ ][ ] .

거르다 / 그르다

05

- **거르다** 차례로 나아가다 중간에 어느 순서나 자리를 빼고 넘긴다는 말이에요.
- **그르다** '일의 나아가는 방향이나 중요한 뜻에 맞지 않거나 옳지 못하다.'라는 말이에요.

✏️ 또박또박 바르게 따라 써 보세요.

점	심	밥	을		거	르	다	.	

거	짓	말	은		그	르	다	.	

🍎 뜻을 생각하며 빈칸에 알맞은 말을 써 보세요.

점심밥을 ☐ ☐ ☐ .

거짓말은 ☐ ☐ ☐ .

거름 / 걸음

- **거름** 식물이 잘 자라도록 땅에 뿌리거나 섞는 거예요. 비슷한말로 비료, 퇴비, 두엄이 있어요.
- **걸음** 두 발을 번갈아 옮겨 놓는 동작이에요.

 또박또박 바르게 따라 써 보세요.

거	름	을		뿌	리	다	.		

걸	음	이		빠	르	다	.		

🍎 뜻을 생각하며 빈칸에 알맞은 말을 써 보세요.

을 뿌리다.

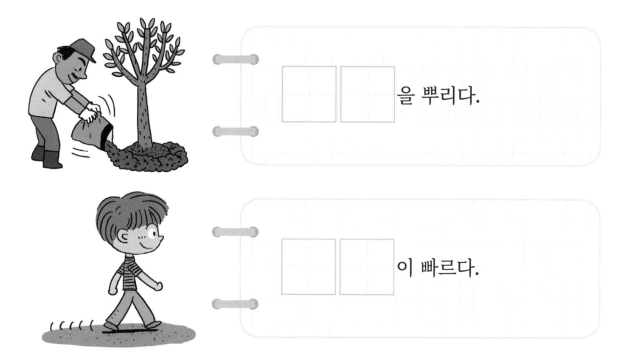

이 빠르다.

걷히다 / 거치다

- **걷히다** 구름이나 안개 등이 흩어져 없어진다는 말이에요.
- **거치다** 오가는 도중에 어디를 지나거나 들른다는 말이에요.

 또박또박 바르게 따라 써 보세요.

안	개	가		걷	히	다	.			

빵	집	을		거	치	다	.			

🍎 뜻을 생각하며 빈칸에 알맞은 말을 써 보세요.

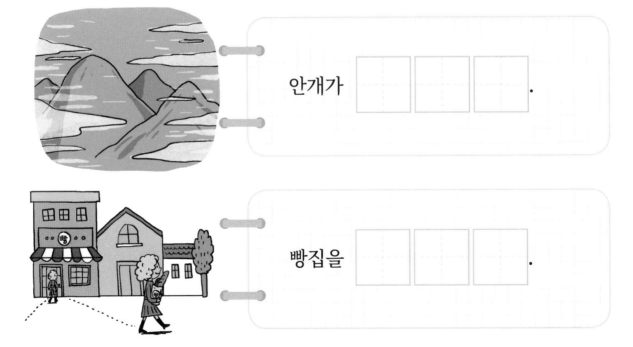

안개가 ☐ ☐ ☐ .

빵집을 ☐ ☐ ☐ .

겨루다 / 겨누다

- **겨루다** 서로 버티어 승부를 다툰다는 말이에요.
- **겨누다** 활이나 총 등을 쏠 때 목표로 하는 것을 향해 방향과 거리를 잡는다는 말이에요.

✏️ 또박또박 바르게 따라 써 보세요.

| 우 | 승 | 을 | | 겨 | 루 | 다 | . | | |
| | | | | | | | | | |

| 총 | 을 | | 겨 | 누 | 다 | . | | | |
| | | | | | | | | | |

🍎 뜻을 생각하며 빈칸에 알맞은 말을 써 보세요.

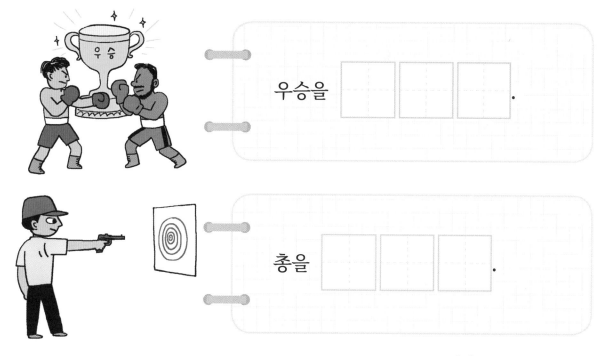

우승을 □□□ .

총을 □□□ .

결제 / 결재

- **결제** 돈을 주고받아 거래를 끝낸다는 말이에요.
- **결재** 책임을 가지는 윗사람이 아랫사람이 해 달라고 부탁한 것이나 계획을 받아들인다는 말이에요.

 또박또박 바르게 따라 써 보세요.

현	금		결	제	.			

사	장	님		결	재	.		

🍎 뜻을 생각하며 빈칸에 알맞은 말을 써 보세요.

현금 ☐☐ .

사장님 ☐☐ .

바꾸다 / 고치다

- **바꾸다** 무엇을 다른 것으로 달라지게 한다는 말이에요.
- **고치다** 고장이 나거나 못 쓰게 된 물건을 손으로 잘 다듬어 쓸 수 있게 한다는 말이에요.

✏️ 또박또박 바르게 따라 써 보세요.

새		돈	으	로		바	꾸	다	.

자	전	거	를		고	치	다	.	

🍎 뜻을 생각하며 빈칸에 알맞은 말을 써 보세요.

새 돈으로 ☐☐☐ .

자전거를 ☐☐☐ .

골다 / 곯다

- **골다** 자면서 숨 쉬는 소리를 크게 낸다는 말이에요.
- **곯다** 음식의 속이 상하여 무르게 된다는 말이에요.

✏️ 또박또박 바르게 따라 써 보세요.

코	를		골	다	.				

오	래	된		계	란	이		곯	다	.

🍎 뜻을 생각하며 빈칸에 알맞은 말을 써 보세요.

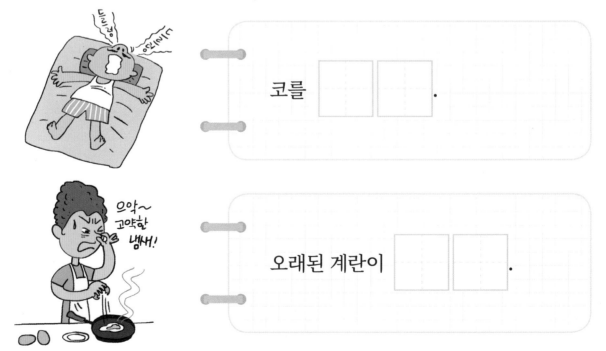

코를 ☐☐ .

오래된 계란이 ☐☐ .

굳다 / 굳다

- **궂다** 비나 눈이 내려 날씨가 나쁘다는 말이에요.
- **굳다** 무른 물질이 단단하게 된다는 말이에요.

✏️ 또박또박 바르게 따라 써 보세요.

날	씨	가		궂	다	.			

찰	흙	이		굳	다	.			

🍎 뜻을 생각하며 빈칸에 알맞은 말을 써 보세요.

날씨가 ☐☐.

찰흙이 ☐☐.

깊다 / 깁다

- **깊다** 가장 바깥쪽에서 밑바닥까지의 거리가 멀거나 길다는 말이에요.
- **깁다** 조각을 대거나 맞붙여 꿰매는 거예요.

✏️ 또박또박 바르게 따라 써 보세요.

물	이		깊	다	.		

양	말	을		깁	다	.	

🍎 뜻을 생각하며 빈칸에 알맞은 말을 써 보세요.

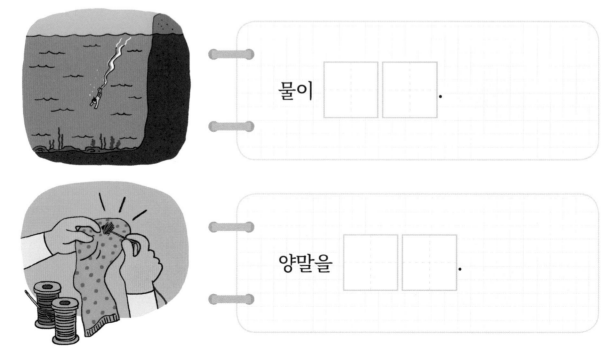

물이   ☐☐ .

양말을   ☐☐ .

14 껍질 / 껍데기

- **껍질**　물체의 겉을 싸고 있는 단단하지 않은 것이에요.
- **껍데기**　달걀이나 조개 등의 속을 싸고 있는 딱딱한 겉이에요.

 또박또박 바르게 따라 써 보세요.

귤		껍	질	.					
달	걀		껍	데	기	.			

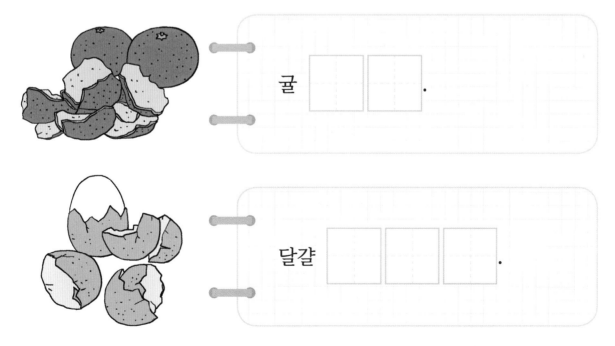 뜻을 생각하며 빈칸에 알맞은 말을 써 보세요.

귤 ☐☐ .

달걀 ☐☐☐ .

맞춤법 퀴즈 술술

1 그림을 보고 빈 곳에 들어갈 알맞은 낱말을 찾아 선으로 이어 보세요.

(1)

물건의 ○을 치르다.

삯

값

(2)

현금 ○○.

결재

결제

(3)

안개가 ○○○.

걷히다

거치다

2 그림을 보고 문장에 알맞은 말을 찾아 색칠해 보세요.

(1)

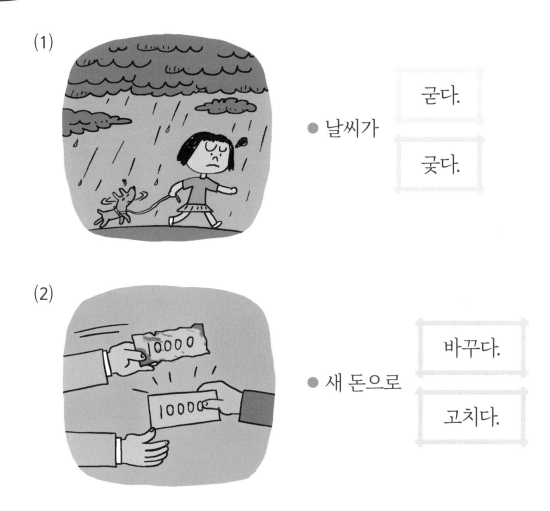

● 날씨가

굳다.

궂다.

(2)

● 새 돈으로

바꾸다.

고치다.

3 배운 내용을 떠올려 다음 낱말을 넣어 짧은 글을 써 보세요.

깁다

'∟'으로 시작하는 헷갈리는 말

낫다 / 낳다 ● 늦추다 / 낮추다

낫다 / 낳다

- **낫다** 몸의 상처나 병이 없어진다는 말이에요.
- **낳다** 때가 되어 사람이나 동물이 배 속의 아이, 새끼, 알을 몸 밖으로 내놓는다는 말이에요.

✏️ 또박또박 바르게 따라 써 보세요.

| 감 | 기 | 가 | | 낫 | 다 | . | | |

| 강 | 아 | 지 | 를 | | 낳 | 다 | . | |

🍎 뜻을 생각하며 빈칸에 알맞은 말을 써 보세요.

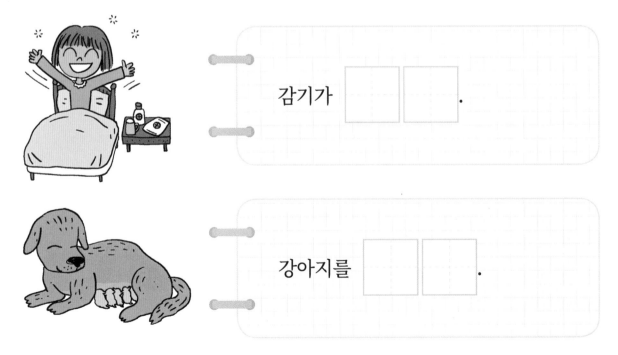

감기가 　　　 .

강아지를 　　　 .

늦추다 / 낮추다

- **늦추다** '시간이나 일을 뒤로 미루다, 늦게 하다.'라는 말이에요.
- **낮추다** 낮게 한다는 말이에요.

✏️ 또박또박 바르게 따라 써 보세요.

약	속		시	간	을		늦	추	다.

높	이	를		낮	추	다	.		

🍎 뜻을 생각하며 빈칸에 알맞은 말을 써 보세요.

약속 시간을 ☐☐☐ .

높이를 ☐☐☐ .

너비 / 넓이

- **너비** 평평하거나 넓은 물체의 가로로 건너지른 거리예요.
- **넓이** 어떤 장소나 물건의 넓은 정도예요.

 또박또박 바르게 따라 써 보세요.

가	로	로		잰		너	비	.	

넓	이	가		넓	은		닭	장	.

🍎 뜻을 생각하며 빈칸에 알맞은 말을 써 보세요.

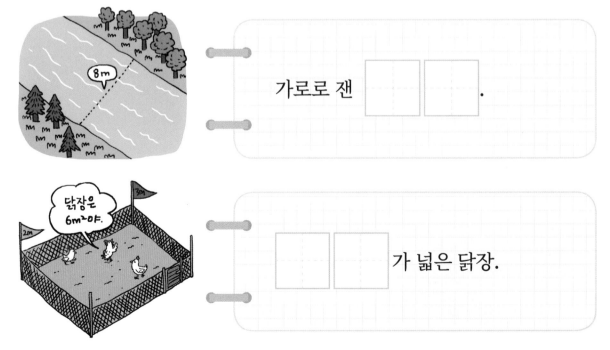

가로로 잰 ⬜⬜.

⬜⬜가 넓은 닭장.

18

늘이다 / 늘리다

- **늘이다** 천이나 줄의 길이를 늘어나게 한다는 말이에요.
- **늘리다** 수나 분량 등을 본디보다 많아지게 하거나 무게를 더 나가게 한다는 말이에요.

✏️ 또박또박 바르게 따라 써 보세요.

고	무	줄	을		늘	이	다	.	

도	토	리		수	를		늘	리	다	.

🍎 뜻을 생각하며 빈칸에 알맞은 말을 써 보세요.

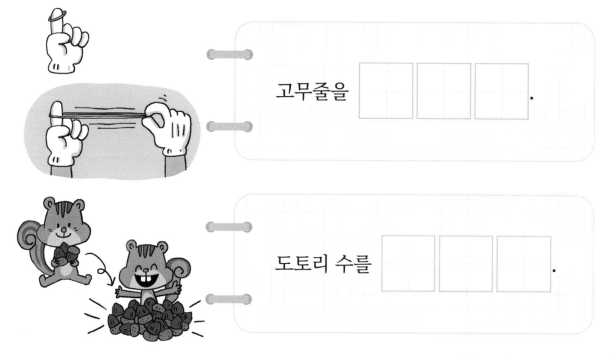

고무줄을 ☐ ☐ ☐ .

도토리 수를 ☐ ☐ ☐ .

1 그림을 보고 밑줄 친 낱말의 뜻을 찾아 ○표를 해 보세요.

(1)

감기가 <u>낫다</u>.

㉠ 몸의 상처나 병이 없어진다. ( )

㉡ 때가 되어 사람이나 동물이 배 속의 아이,
새끼, 알을 몸 밖으로 내놓는다. ( )

(2)

높이를 <u>낮추다</u>.

㉠ 낮게 한다. ( )

㉡ 시간이나 일을 뒤로 미루다. ( )

2 **1**을 참고하여, 밑줄 친 말을 알맞은 말로 고쳐 써 보세요.

(1)

▲ 강아지를 <u>낫다</u>.

➡

(2)

▲ 약속 시간을 <u>낮추다</u>.

➡

3 낱말의 뜻을 찾아 선으로 이어 보세요.

(1) 넓이 • • ㉠ 어떤 장소나 물건의 넓은 정도.

(2) 너비 • • ㉡ 평평하거나 넓은 물체의 가로로 건너지른 거리.

4 그림을 보고 빈칸에 들어갈 알맞은 낱말을 **3**에서 찾아 써 보세요.

(1)

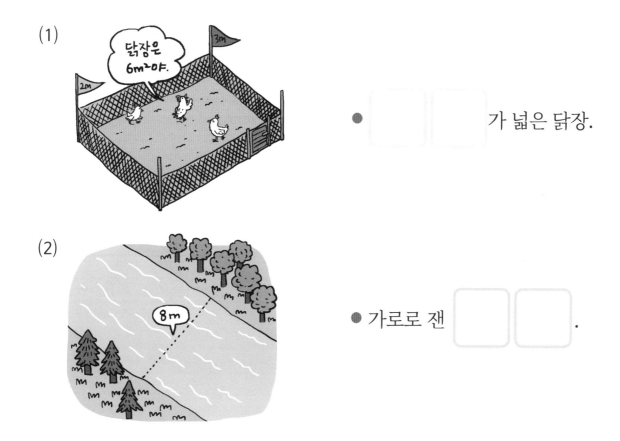

● ☐☐ 가 넓은 닭장.

(2)

● 가로로 잰 ☐☐ .

'匸'으로 시작하는 헷갈리는 말

만화 속 헷갈리는 말

다르다 / 틀리다 ● 돋우다 / 돋구다 ●
두텁다 / 두껍다 ● 떠벌리다 / 떠벌이다

다르다 / 틀리다

- **다르다** 같지 않은 거예요.
- **틀리다** 셈이나 사실 등이 맞지 않다는 말이에요.

✏️ 또박또박 바르게 따라 써 보세요.

생	김	새	가		다	르	다	.	

답	이		틀	리	다	.			

🍎 뜻을 생각하며 빈칸에 알맞은 말을 써 보세요.

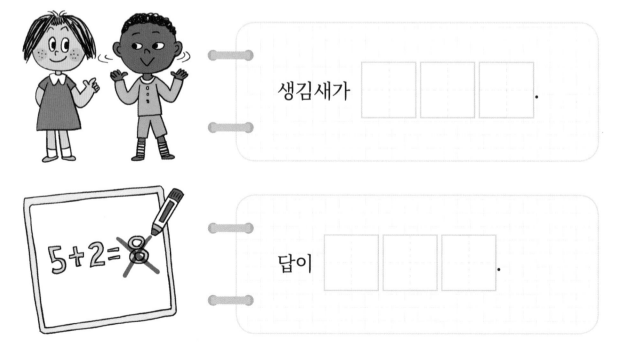

생김새가 ⬜⬜⬜ .

답이 ⬜⬜⬜ .

달이다 / 다리다

- **달이다** 물에 섞인 어떤 것이 진하게 되도록 끓인다는 말이에요.
- **다리다** 옷이나 천 등의 구김살을 펴거나 주름을 잡기 위해 다리미로 눌러 문지른다는 말이에요.

 또박또박 바르게 따라 써 보세요.

간	장	을		달	이	다	.		

옷	을		다	리	다	.			

🍎 뜻을 생각하며 빈칸에 알맞은 말을 써 보세요.

간장을 ☐ ☐ ☐ .

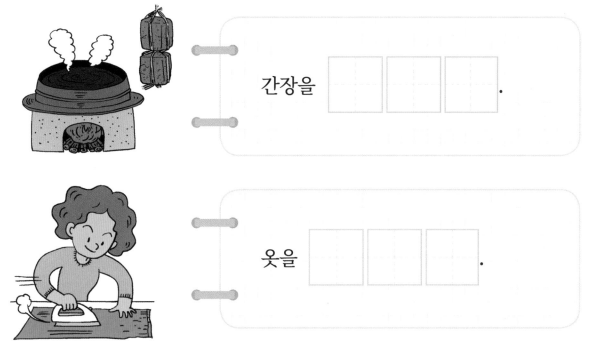

옷을 ☐ ☐ ☐ .

다치다 / 닫히다

21

- **다치다** 부딪치거나 맞거나 하여 몸에 상처가 생긴다는 말이에요.
- **닫히다** 문이나 뚜껑이 도로 제자리로 가 막힌다는 말이에요.

 또박또박 바르게 따라 써 보세요.

무	릎	을		다	치	다	.	

문	이		닫	히	다	.		

🍎 뜻을 생각하며 빈칸에 알맞은 말을 써 보세요.

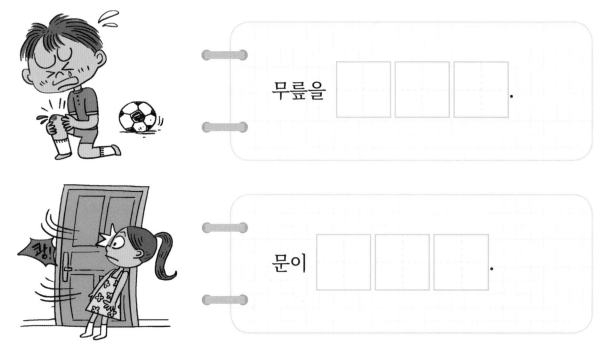

무릎을 　　　　.

문이 　　　　.

담다 / 담그다

22

- **담다** 무엇을 그릇 속에 넣는다는 말이에요.
- **담그다** 김치나 장이나 젓갈 등을 만드는 재료를 버무리거나 물을 부어서, 익거나 삭도록 그릇에 넣어 둔다는 말이에요.

✏️ 또박또박 바르게 따라 써 보세요.

밥	을		그	릇	에		담	다	.

김	치	를		담	그	다	.		

🍎 뜻을 생각하며 빈칸에 알맞은 말을 써 보세요.

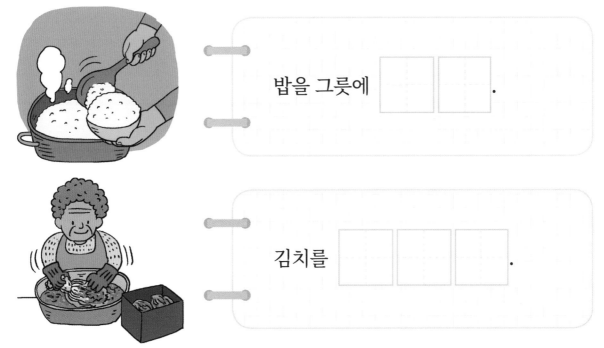

밥을 그릇에 ☐☐ .

김치를 ☐☐☐ .

덮다 / 덥다

- **덮다** 이불이나 담요를 몸 위에 펴서 가린다는 말이에요.
- **덥다** 몸으로 느끼기에 기온이 높다는 말이에요.

✏️ 또박또박 바르게 따라 써 보세요.

이	불	을		덮	다	.			

날	씨	가		덥	다	.			

🍎 뜻을 생각하며 빈칸에 알맞은 말을 써 보세요.

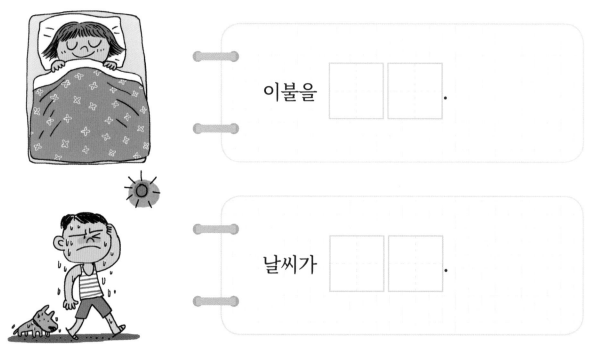

이불을 ☐ ☐ .

날씨가 ☐ ☐ .

24

돋우다 / 돋구다

- **돋우다** 위로 끌어 올려 도드라지거나 높아지게 한다는 말이에요.
- **돋구다** 안경의 도수 등을 더 높인다는 말이에요. 그 외에는 거의 쓰지 않아요.

✏️ 또박또박 바르게 따라 써 보세요.

발	끝	을		돋	우	다	.		

안	경		도	수	를		돋	구	다	.

🍎 뜻을 생각하며 빈칸에 알맞은 말을 써 보세요.

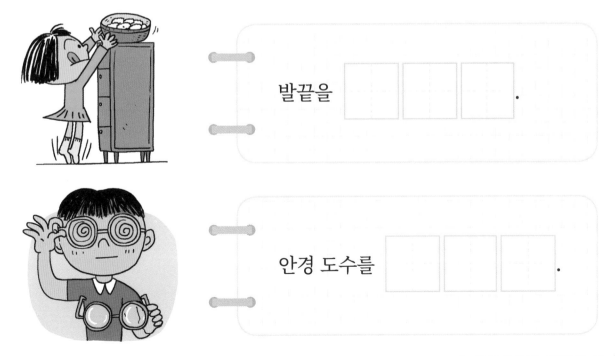

발끝을 ☐ ☐ ☐ .

안경 도수를 ☐ ☐ ☐ .

두텁다 / 두껍다

- **두텁다** 사람과 사람 사이의 관계에서 믿음이나 정이나 사랑이 굳고 깊다는 말이에요.
- **두껍다** 넓이를 가진 물체의 두께가 보통보다 크다는 말이에요.

✏️ 또박또박 바르게 따라 써 보세요.

우	정	이		두	텁	다	.		

책	이		두	껍	다	.			

🍎 뜻을 생각하며 빈칸에 알맞은 말을 써 보세요.

우정이 ☐ ☐ ☐ .

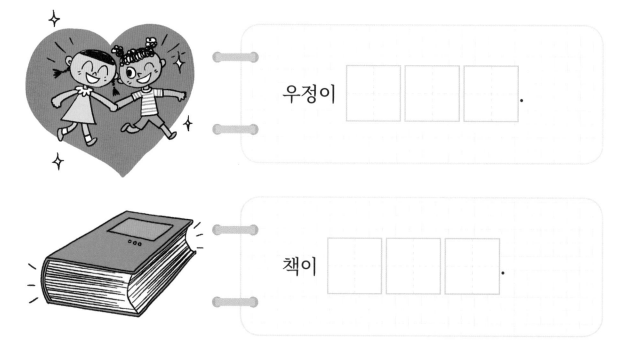

책이 ☐ ☐ ☐ .

드러내다 / 들어내다

- **드러내다** 알려지지 않은 사실을 보이거나 밝힌다는 말이에요.
- **들어내다** 물건을 들어서 밖으로 옮긴다는 말이에요.

 또박또박 바르게 따라 써 보세요.

속	마	음	을		드	러	내	다	.

이	삿	짐	을		들	어	내	다	.

🍎 뜻을 생각하며 빈칸에 알맞은 말을 써 보세요.

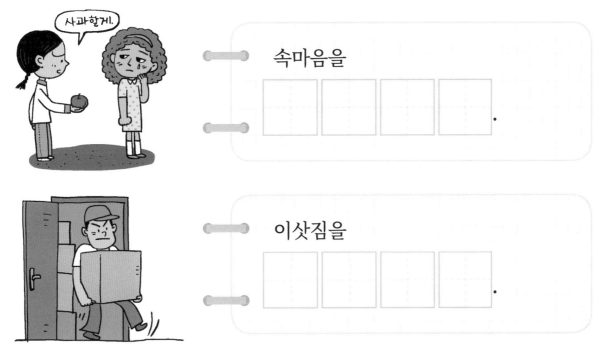

사과할게.

속마음을

이삿짐을

떠벌리다 / 떠벌이다

27

- **떠벌리다** 이야기를 자랑하듯이 크게 늘어놓는다는 말이에요.
- **떠벌이다** 굉장한 규모로 차린다는 말이에요.

✏️ 또박또박 바르게 따라 써 보세요.

합	격	을		떠	벌	리	다	.	

사	업	을		떠	벌	이	다	.	

🍎 뜻을 생각하며 빈칸에 알맞은 말을 써 보세요.

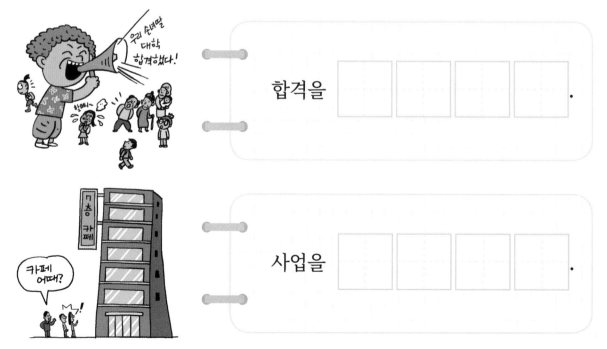

합격을 ☐☐☐☐ .

사업을 ☐☐☐☐ .

☞ 정답은 **45**쪽에 있어요.

1 그림을 보고 빈 곳에 들어갈 알맞은 낱말을 찾아 선으로 이어 보세요.

(1)

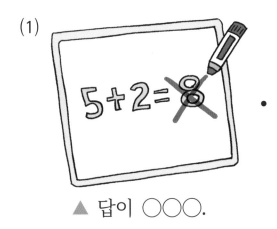

▲ 답이 ○○○.

틀리다

다르다

(2)

▲ 책이 ○○○.

두껍다

두텁다

(3)

▲ 이삿짐을 ○○○○.

드러내다

들어내다

2 그림을 보고 밑줄 친 낱말을 바르게 고친 것을 찾아 ○표를 해 보세요.

(1)

● 밥을 그릇에 <u>담거다</u>.

➡ 담다 (　　)

담그다 (　　)

(2)

● 날씨가 <u>덥따</u>.

➡ 덥다 (　　)

덮다 (　　)

(3)

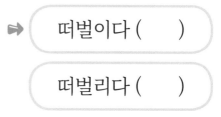

● 합격을 <u>떠벌히다</u>.

➡ 떠벌이다 (　　)

떠벌리다 (　　)

3 그림을 보고, 빈칸에 알맞은 낱말을 보기 에서 골라 써 보세요.

보기　　두껍다　두텁다　　닫히다　다치다　　달이다　다리다

(1)

● 우정이 　　　　.

(2)

● 문이 　　　　.

(3)

● 간장을 　　　　.

'□'으로 시작하는 헷갈리는 말

🔍 만화 속 헷갈리는 말

맞히다 / 마치다 ● 메다 / 매다 ● 물리다 / 무르다 ●
묻히다 / 무치다

맞히다 / 마치다

28

- **맞히다** 옳은 답을 댄다는 말이에요.
- **마치다** 하던 일이나 과정을 끝낸다는 말이에요.

✏️ 또박또박 바르게 따라 써 보세요.

정	답	을		맞	히	다	.		

청	소	를		마	치	다	.		

🍎 뜻을 생각하며 빈칸에 알맞은 말을 써 보세요.

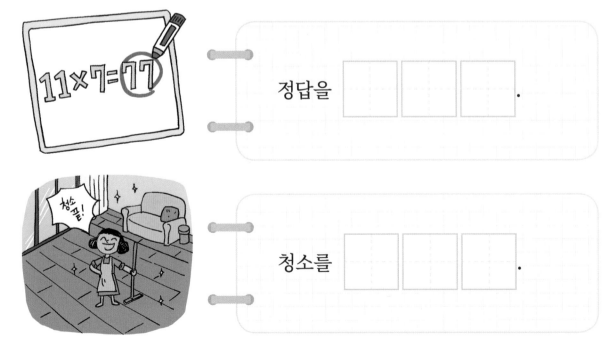

정답을 ☐☐☐ .

청소를 ☐☐☐ .

맡다 / 맞다

- **맡다** 어떤 일에 대한 책임을 지고 담당한다는 말이에요.
- **맞다** 틀리지 않다, 서로 어긋나지 않고 같거나 정확히 맞다는 말이에요.

 또박또박 바르게 따라 써 보세요.

담	임	을		맡	다	.		

엄	마		말	씀	이		맞	다	.

뜻을 생각하며 빈칸에 알맞은 말을 써 보세요.

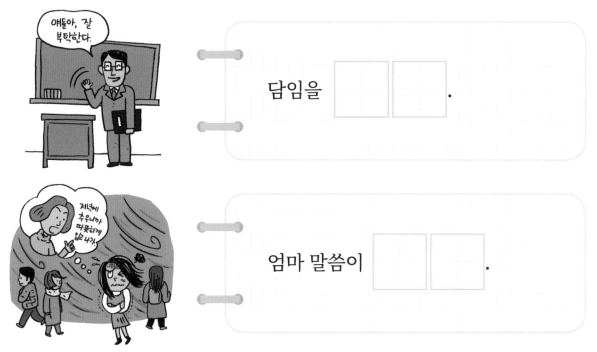

담임을 ☐☐ .

엄마 말씀이 ☐☐ .

메다 / 매다

- **메다** 어깨에 걸치거나 올려놓는다는 말이에요.
- **매다** 따로 떨어지거나 풀어지지 않도록, 끈이나 밧줄의 두 끝을 걸어서 잡아 묶는다는 말이에요.

 또박또박 바르게 따라 써 보세요.

어	깨	에		가	방	을		메	다 .

리	본	으	로		매	다 .			

🍎 뜻을 생각하며 빈칸에 알맞은 말을 써 보세요.

어깨에 가방을 ☐☐ .

리본으로 ☐☐ .

31

문안하다 / 무난하다

- **문안하다** 웃어른께 인사로 편안하게 잘 지내고 있는지 그렇지 않은지에 대한 소식을 전하거나 묻는다는 말이에요.
- **무난하다** 어려움이나 나아가지 못하게 막는 일이나 물건이 없다는 말이에요.

✏️ 또박또박 바르게 따라 써 보세요.

어	머	니	께		문	안	하	다	.

무	난	하	게		합	격	했	다	.

🍎 뜻을 생각하며 빈칸에 알맞은 말을 써 보세요.

어머니께

합격했다.

물리다 / 무르다

- **물리다** 다시 대하기 싫을 만큼 몹시 싫증이 난다는 말이에요.
- **무르다** 굳은 것이 물렁거리게 된다는 말이에요.

✏️ 또박또박 바르게 따라 써 보세요.

김	밥	에		물	리	다	.		

홍	시	가		무	르	다	.		

🍎 뜻을 생각하며 빈칸에 알맞은 말을 써 보세요.

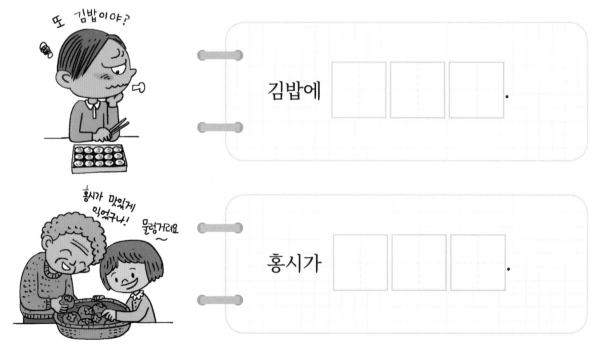

또 김밥이야?

김밥에 [ ][ ][ ] .

홍시가 맛있게 익었구나!   물렁거려요~

홍시가 [ ][ ][ ] .

묻히다 / 무치다

- **묻히다** 액체나 가루 등을 무엇에 묻게 한다는 말이에요.
- **무치다** 나물 등에 갖은양념을 넣고 골고루 한데 뒤섞는다는 말이에요.

 또박또박 바르게 따라 써 보세요.

물	을		묻	히	다	.		

콩	나	물	을		무	치	다	.

🍎 뜻을 생각하며 빈칸에 알맞은 말을 써 보세요.

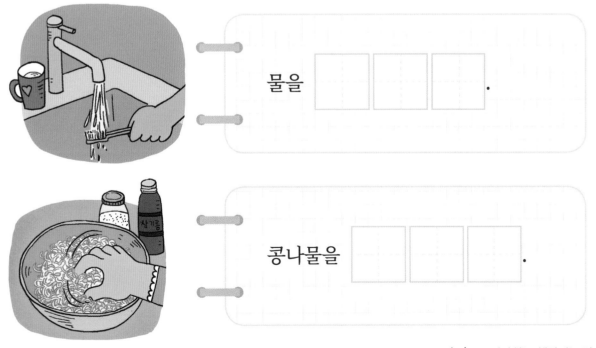

물을 ☐☐☐ .

콩나물을 ☐☐☐ .

묶다 / 묵다

- **묶다** 끈, 줄 등을 잡아매어 마디를 만든다는 말이에요.
- **묵다** 어디에서 손님으로 머문다는 말이에요.

✏️ 또박또박 바르게 따라 써 보세요.

신	발		끈	을		묶	다	.	

할	머	니		댁	에	서		묵	다	.

🍎 뜻을 생각하며 빈칸에 알맞은 말을 써 보세요.

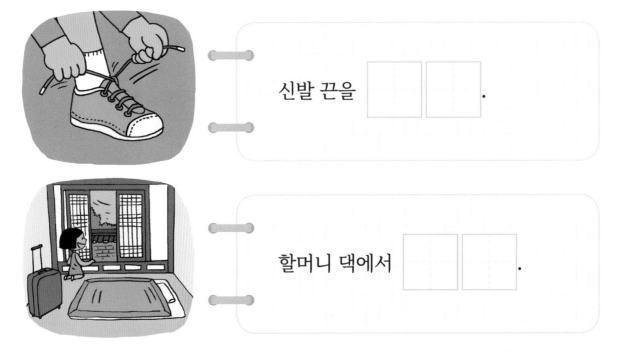

신발 끈을 ☐☐ .

할머니 댁에서 ☐☐ .

☞ 정답은 **57**쪽에 있어요.

1 낱말의 뜻을 찾아 선으로 이어 보세요.

(1) 마치다 •　• ㉠ 옳은 답을 대다.

(2) 맞히다 •　• ㉡ 하던 일이나 과정을 끝내다.

(3) 묵다 •　• ㉢ 어디에서 손님으로 머물다.

(4) 묶다 •　• ㉣ 끈, 줄 등을 잡아매어 마디를 만들다.

2 나타낸 낱말이 들어갈 알맞은 곳을 찾아 ○표를 해 보세요.

[**맞다**] 틀리지 않다, 서로 어긋나지 않고 같거나 정확히 맞다.

(1)

▲ 담임을 ○○.

(2)

▲ 엄마 말씀이 ○○.

3 그림을 보고 문장에 알맞은 말을 찾아 색칠해 보세요.

(1)

● 리본으로

메다.

매다.

(2)

● 시험에

문안하게

무난하게

합격했다.

(3)

● 김밥에

무르다.

물리다.

4 그림을 알맞게 나타낸 문장을 찾아 선으로 이어 보세요.

(1)

• ㉠ 청소를 <u>맞히다</u>.

• ㉡ 청소를 <u>마치다</u>.

(2)

• ㉠ 물을 <u>묻히다</u>.

• ㉡ 물을 <u>무치다</u>.

5 배운 내용을 떠올려 다음 낱말을 넣어 짧은 글을 써 보세요.

| 묶다 | _____ |

'<u>ㅂ</u>'으로 시작하는 헷갈리는 말

🔍 만화 속 헷갈리는 말

반듯이 / 반드시   받치다 / 받히다
붙이다 / 부치다   빚다 / 빗다

35

반듯이 / 반드시

- **반듯이** '비뚤어지지 않고 똑바로.'라는 말이에요.
- **반드시** '틀림없이, 꼭.'이라는 말이에요.

✏️ 또박또박 바르게 따라 써 보세요.

어	깨	를		반	듯	이		하	다	.

반	드	시		우	승	하	자	.		

🍎 뜻을 생각하며 빈칸에 알맞은 말을 써 보세요.

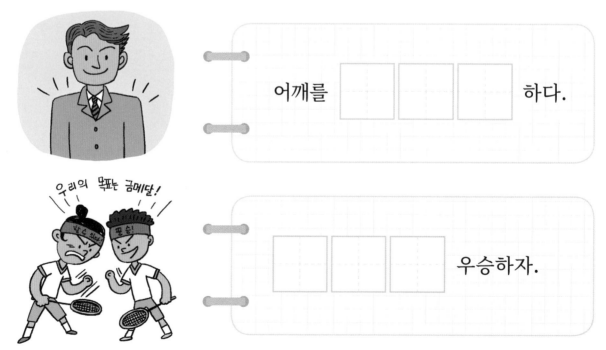

어깨를 ☐☐☐ 하다.

우리의 목표는 금메달!

☐☐☐ 우승하자.

받치다 / 받히다

36

- **받치다** 어떤 물건이 다른 물건의 위에 놓이게 한다는 말이에요.
- **받히다** 몸의 한 부분이 무엇에 부딪친다는 말이에요.

✏️ 또박또박 바르게 따라 써 보세요.

쟁	반	에		컵	을		받	치	다.

자	전	거	에		받	히	다	.	

🍎 뜻을 생각하며 빈칸에 알맞은 말을 써 보세요.

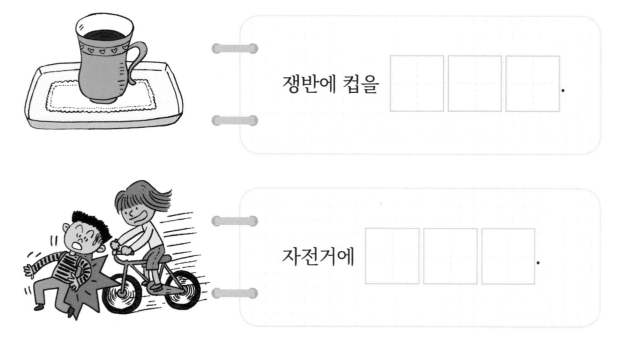

쟁반에 컵을 ⬜⬜⬜.

자전거에 ⬜⬜⬜.

베다 / 배다

37

- **베다** 칼이나 낫 같은 날이 있는 물건으로 무엇을 끊거나 자르거나 가른다는 말이에요.
- **배다** 스며들거나 스며 나온다는 말이에요.

✏️ 또박또박 바르게 따라 써 보세요.

낫	으	로		풀	을		베	다	.

옷	에		냄	새	가		배	다	.

🍎 뜻을 생각하며 빈칸에 알맞은 말을 써 보세요.

낫으로 풀을 ☐☐ .

옷에 냄새가 ☐☐ .

벌리다 / 벌이다

- **벌리다** 둘 사이를 넓히거나 멀게 한다는 말이에요.
- **벌이다** 일을 계획하여 시작하거나 펼쳐 놓는다는 말이에요.

 또박또박 바르게 따라 써 보세요.

두	팔	을		벌	리	다	.	

잔	치	를		벌	이	다	.	

🍎 뜻을 생각하며 빈칸에 알맞은 말을 써 보세요.

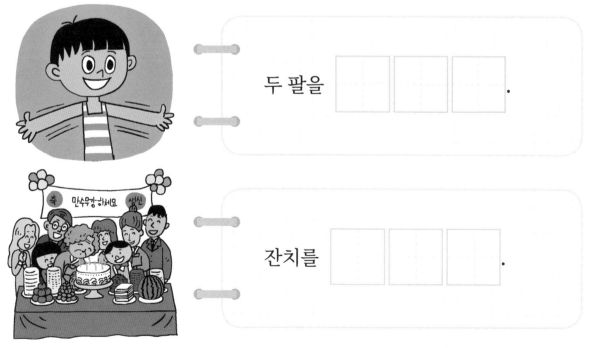

두 팔을 ☐ ☐ ☐ .

잔치를 ☐ ☐ ☐ .

봉오리 / 봉우리

- **봉오리** 꽃망울만 맺히고 아직 피지 않은 꽃이에요.
- **봉우리** 산에서 뾰족하게 높이 솟은 부분이에요.

✏️ 또박또박 바르게 따라 써 보세요.

봉	오	리	가		맺	히	다	.	

한	라	산		봉	우	리	.		

🍎 뜻을 생각하며 빈칸에 알맞은 말을 써 보세요.

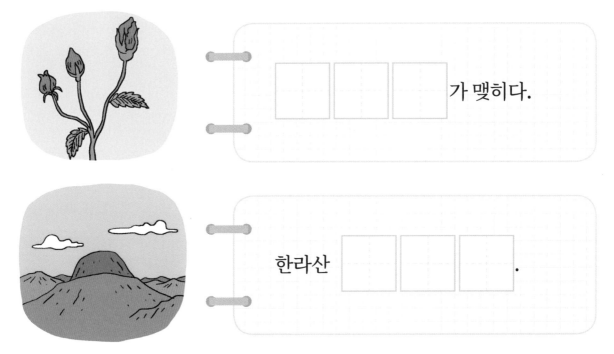

가 맺히다.

한라산 ☐☐☐ .

뿌리 / 부리

- **뿌리** 땅속으로 뻗어 줄기를 떠받치고, 물과 양분을 빨아올리는 식물의 한 부분이에요.
- **부리** 새나 일부 짐승의 주둥이에요. 길고 뾰족하며 보통 뿔처럼 딱딱해요.

✏️ 또박또박 바르게 따라 써 보세요.

나	무	의		뿌	리	.			

새	의		부	리	.				

🍎 뜻을 생각하며 빈칸에 알맞은 말을 써 보세요.

나무의 ⬜⬜ .

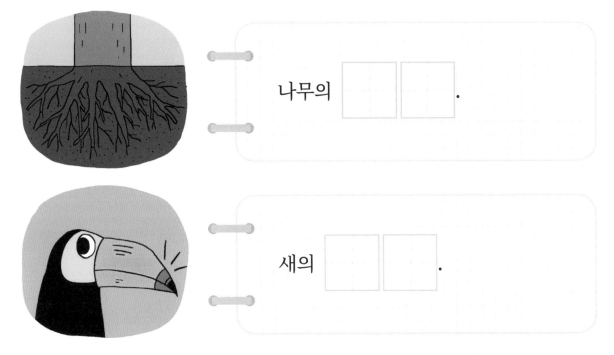

새의 ⬜⬜ .

41 부시다 / 부수다

- **부시다** 빛이 세게 비쳐서 똑바로 쳐다볼 수 없다는 말이에요.
- **부수다** 단단한 것을 여러 조각이 나게 두드려 깨뜨린다는 말이에요.

✏️ 또박또박 바르게 따라 써 보세요.

눈	이		부	시	다	.			

돌	을		부	수	다	.			

🍎 뜻을 생각하며 빈칸에 알맞은 말을 써 보세요.

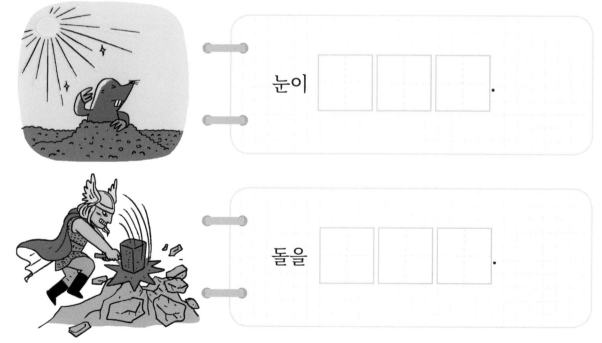

눈이 ☐ ☐ ☐ .

돌을 ☐ ☐ ☐ .

42 붙이다 / 부치다

- **붙이다** 맞닿아 떨어지지 않게 한다는 말이에요.
- **부치다** 누구에게 편지나 소포 등을 우편이나 물건을 실어 보내는 곳에 맡겨 보낸다는 말이에요.

 또박또박 바르게 따라 써 보세요.

풀	로		우	표	를		붙	이	다	.

편	지	를		부	치	다	.			

🍎 뜻을 생각하며 빈칸에 알맞은 말을 써 보세요.

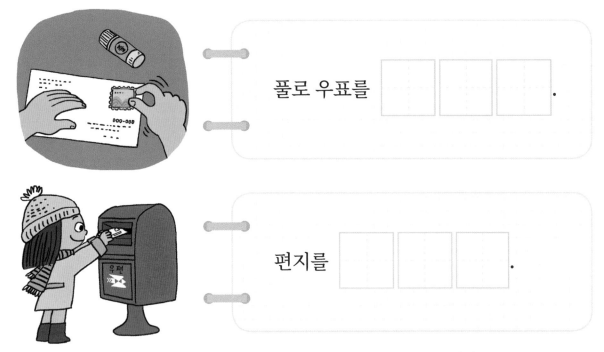

풀로 우표를 ☐☐☐ .

편지를 ☐☐☐ .

빗 / 빛

- **빗** 머리카락이나 털의 결을 가지런히 하는 데 써요.
- **빛** 해·달·전등·불 등에서 나와 사물을 밝게 비추어 주는 현상이에요.

 또박또박 바르게 따라 써 보세요.

머	리	를		빗	는		빗	.	

빛	이		비	치	다	.			

🍎 뜻을 생각하며 빈칸에 알맞은 말을 써 보세요.

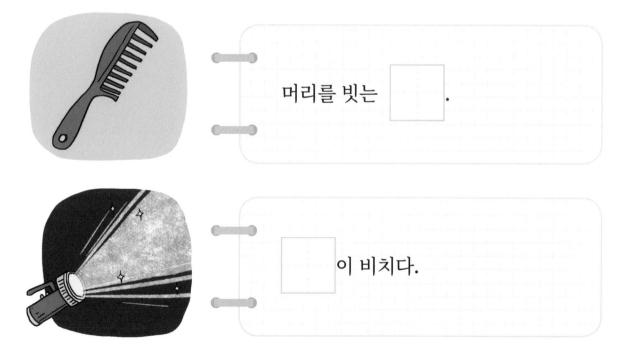

머리를 빗는 ☐ .

☐ 이 비치다.

빚다 / 빗다

- **빚다** 떡이나 도자기 등의 반죽을 손으로 다듬어서 만든다는 말이에요.
- **빗다** 머리털을 결에 따라 빗 등으로 가지런히 고른다는 말이에요.

✏️ 또박또박 바르게 따라 써 보세요.

도	자	기	를		빚	다	.		

머	리	를		빗	다	.			

🍎 뜻을 생각하며 빈칸에 알맞은 말을 써 보세요.

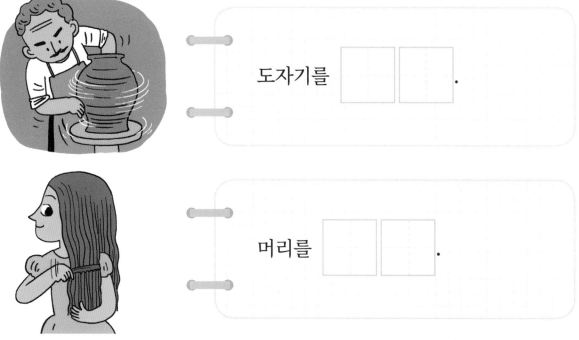

도자기를 ☐☐ .

머리를 ☐☐ .

1 그림을 보고 문장에 알맞은 말을 찾아 색칠해 보세요.

(1)

반드시

반듯이

우승하자.

(2)

● 자전거에

받치다.

받히다.

(3)

● 한라산

봉우리.

봉오리.

2 그림을 보고 밑줄 친 낱말을 바르게 고쳐 써 보세요.

(1)

● 잔치를 <u>벌리다</u>.

➡ ☐ ☐ ☐

(2)

● 편지를 <u>붙이다</u>.

➡ ☐ ☐ ☐

3 배운 내용을 떠올려 다음 낱말을 넣어 짧은 글을 써 보세요.

베다 _____

'人'으로 시작하는 헷갈리는 말

🔍 **만화 속 헷갈리는 말**

삭히다 / 삭이다 ● 상영 / 상연 ●
속다 / 솎다 ● 식히다 / 시키다

삭히다 / 삭이다

- **삭히다** 김치나 젓갈 등의 음식물을 발효시켜 맛이 들게 한다는 말이에요.
- **삭이다** 긴장이나 화를 풀어 마음을 가라앉힌다는 말이에요.

✏️ 또박또박 바르게 따라 써 보세요.

김	치	를		삭	히	다	.		

화	를		삭	이	다	.			

🍎 뜻을 생각하며 빈칸에 알맞은 말을 써 보세요.

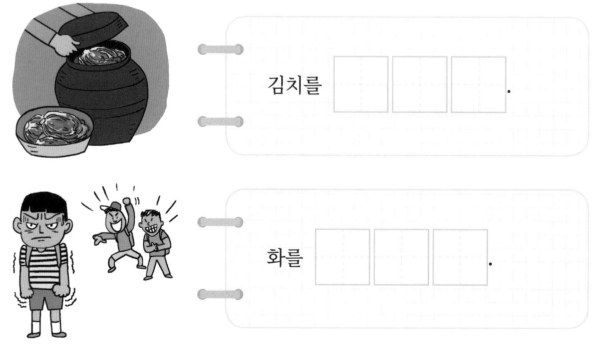

김치를 ☐☐☐ .

화를 ☐☐☐ .

상영 / 상연

46

- **상영** 극장 등에서 영화를 관객에게 보여 주는 거예요.
- **상연** 연극 등을 무대에서 하여 관객에게 보이는 일을 말해요.

 또박또박 바르게 따라 써 보세요.

영	화		상	영	.		

연	극		상	연	.		

🍎 뜻을 생각하며 빈칸에 알맞은 말을 써 보세요.

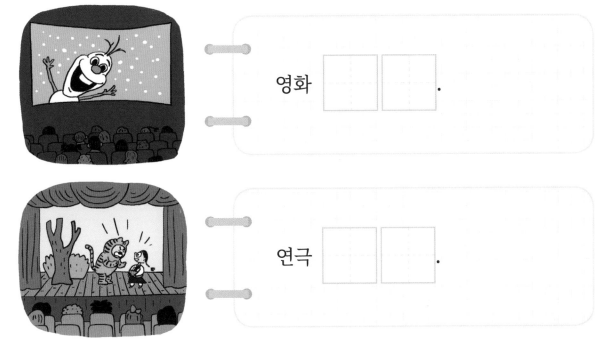

영화 ☐ ☐ .

연극 ☐ ☐ .

47

새다 / 세다

- **새다** 기체, 액체 등이 틈이나 구멍으로 조금씩 빠져 나가거나 나온다는 말이에요.
- **세다** 개수를 헤아리거나 알아낸다는 말이에요.

✏️ 또박또박 바르게 따라 써 보세요.

천	장	에	서		비	가		새	다.

돈	을		세	다.					

🍎 뜻을 생각하며 빈칸에 알맞은 말을 써 보세요.

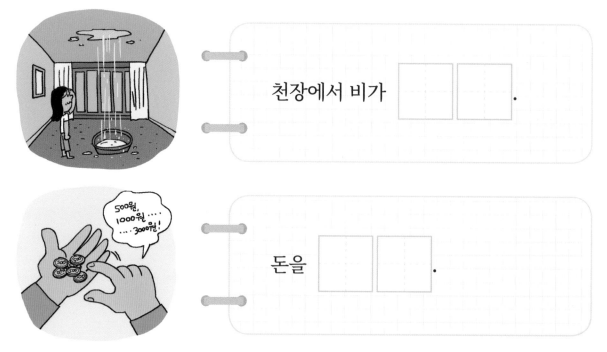

천장에서 비가 　　　　　.

돈을 　　　　　.

48 섞다 / 썩다

- **섞다** 두 가지 이상의 것을 한데 합친다는 말이에요.
- **썩다** 음식 등이 균이나 곰팡이의 움직임으로 상하거나 나쁘게 변한다는 말이에요.

 또박또박 바르게 따라 써 보세요.

쌀	에		콩	을		섞	다	.	

빵	이		썩	다	.				

뜻을 생각하며 빈칸에 알맞은 말을 써 보세요.

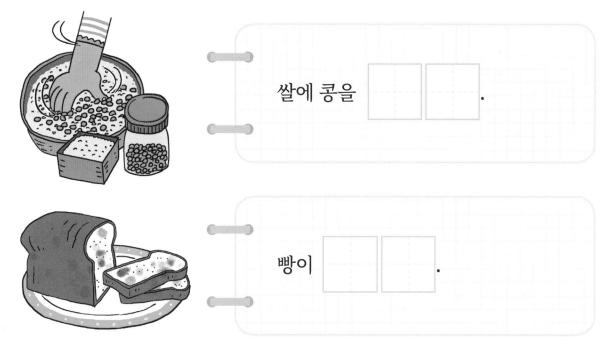

쌀에 콩을 　　.

빵이 　　.

속다 / 솝다

- **속다** 남의 거짓이나 꾀에 넘어간다는 말이에요.
- **솝다** 촘촘히 있는 것을 군데군데 골라 뽑아 사이가 넓게 한다는 말이에요.

✏️ 또박또박 바르게 따라 써 보세요.

거	짓	말	에		속	다	.		

배	추	를		솝	다	.			

🍎 뜻을 생각하며 빈칸에 알맞은 말을 써 보세요.

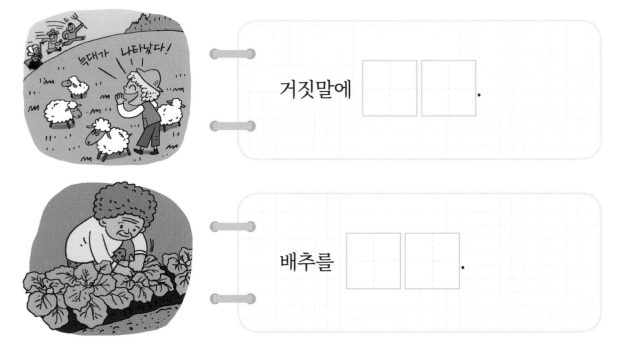

거짓말에 ☐☐ .

배추를 ☐☐ .

쉬다 / 시다

50

- **쉬다** 음식이 상하여 맛이 시큼하게 변한다는 말이에요.
- **시다** 맛이 식초나 덜 익은 살구와 같다는 말이에요.

✏️ 또박또박 바르게 따라 써 보세요.

더	워	서		김	밥	이		쉬	다.

레	몬	이		시	다.				

🍎 뜻을 생각하며 빈칸에 알맞은 말을 써 보세요.

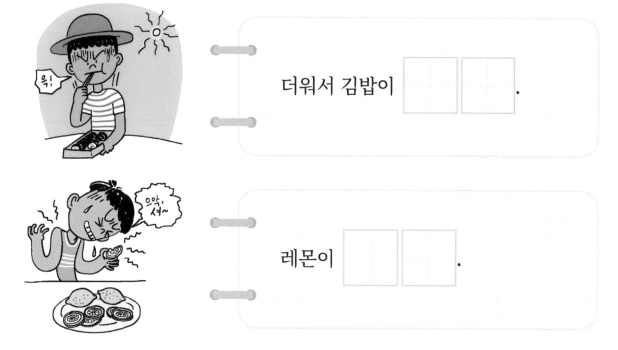

더워서 김밥이 ☐☐.

레몬이 ☐☐.

식히다 / 시키다

- **식히다** 더운 기를 없앤다, 차게 한다는 말이에요.
- **시키다** 어떤 일이나 행동을 하게 한다는 말이에요.

✏️ 또박또박 바르게 따라 써 보세요.

더	위	를		식	히	다	.		

일	을			시	키	다	.		

🍎 뜻을 생각하며 빈칸에 알맞은 말을 써 보세요.

더위를 　□□□ .

일을 　□□□ .

52 시험 / 실험

- **시험** 질문이나 실제의 행동 등으로 지식이나 능력을 평가하는 일이에요.
- **실험** 실제로 해 보거나 그렇게 하는 일이에요. 또는 과학에서 이론이나 현상을 관찰하고 측정하는 일이에요.

 또박또박 바르게 따라 써 보세요.

입	학		시	험	을		보	다	.

과	학		실	험	.				

🍎 뜻을 생각하며 빈칸에 알맞은 말을 써 보세요.

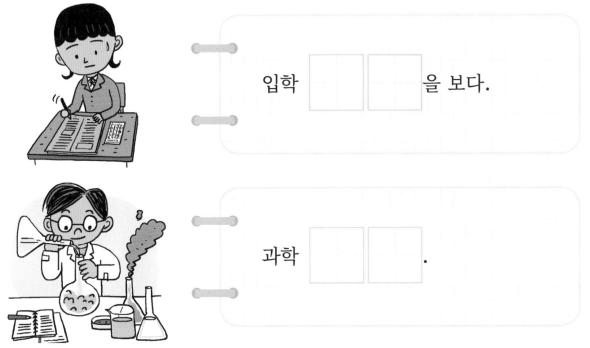

입학 ☐ ☐ 을 보다.

과학 ☐ ☐ .

쌓이다 / 싸이다

- **쌓이다** 여러 개의 물건이 겹겹이 포개져 놓인다는 말이에요.
- **싸이다** 무엇에 넣어져서 두루 말리거나 덮인다는 말이에요.

✏️ 또박또박 바르게 따라 써 보세요.

책	에		먼	지	가		쌓	이	다.

보	자	기	에		싸	이	다	.	

🍎 뜻을 생각하며 빈칸에 알맞은 말을 써 보세요.

책에 먼지가 ⬜⬜⬜ .

보자기에 ⬜⬜⬜ .

☞ 정답은 **85**쪽에 있어요.

1 그림을 알맞게 나타낸 문장을 찾아 선으로 이어 보세요.

(1)

• ㉠ 화를 삭이다.

• ㉡ 화를 삭히다.

(2)

으악,
셔~

• ㉠ 레몬이 시다.

• ㉡ 레몬이 쉬다.

(3)

저쪽으로

• ㉠ 일을 식히다.

• ㉡ 일을 시키다.

2 그림을 보고, 빈칸에 알맞은 낱말을 보기 에서 골라 기호를 써 보세요.

보기 　ㄱ 새다　　ㄴ 세다　　ㄷ 속다　　ㄹ 솎다

(1)

▲ 돈을 〔　　　〕.

(2)

▲ 천장에서 비가 〔　　　〕.

(3)

▲ 배추를 〔　　　〕.

(4)

▲ 거짓말에 〔　　　〕.

3 그림을 보고, 빈칸에 알맞은 낱말을 (보기)에서 골라 써 보세요.

(보기)　　　상연　　　　상영　　　　섞다　　　　썩다

(1)

● 연극 [ ][ ] .

(2)

● 빵이 [ ][ ] .

(3)

● 쌀에 콩을 [ ][ ] .

'○'으로 시작하는 헷갈리는 말

그림을 보고 문장에 알맞은 말을 찾아 정리해 보세요.

🔍 **만화 속 헷갈리는 말**

앉히다 / 안치다 ● 어르다 / 으르다 ● 엎다 / 업다 ●
여의다 / 여위다 ● 익다 / 읽다 ● 잊다 / 잃다

앉히다 / 안치다

- **앉히다** 누구를 어디에 앉게 한다는 말이에요.
- **안치다** 밥, 떡, 찌개 등을 만들기 위하여 그 재료를 솥이나 냄비 등에 넣고 불 위에 올린다는 말이에요.

✏️ 또박또박 바르게 따라 써 보세요.

의	자	에		앉	히	다	.		

호	빵	을		안	치	다	.		

🍎 뜻을 생각하며 빈칸에 알맞은 말을 써 보세요.

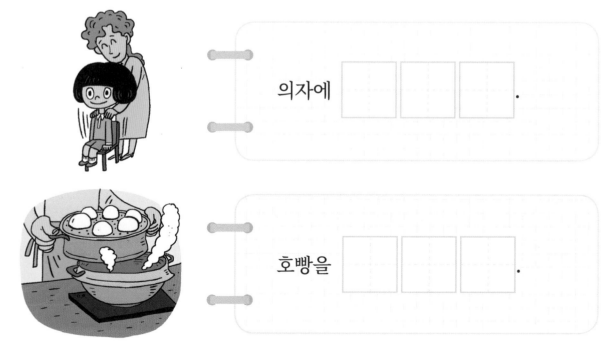

의자에 ☐ ☐ ☐ .

호빵을 ☐ ☐ ☐ .

어르다 / 으르다

- **어르다** 어린아이를 기쁘게 하려고 몸을 흔들어 주거나 달랜다는 말이에요.
- **으르다** 말이나 행동으로 남에게 겁을 내게 한다는 말이에요.

 또박또박 바르게 따라 써 보세요.

우	는		아	기	를		어	르	다.

무	섭	게		으	르	다.			

🍎 뜻을 생각하며 빈칸에 알맞은 말을 써 보세요.

우는 아기를 　　　　　.

무섭게 　　　　　.

엎다 / 업다

- **엎다** 밑바닥이 위로 가고 위가 밑바닥이 되게 거꾸로 놓는다는 말이에요.
- **업다** 사람이나 동물 등을 등에 대고 손으로 붙잡거나 무엇으로 동여매어 붙어 있게 한다는 말이에요.

✏️ 또박또박 바르게 따라 써 보세요.

그	릇	을		엎	다	.			

등	에		업	다	.				

🍎 뜻을 생각하며 빈칸에 알맞은 말을 써 보세요.

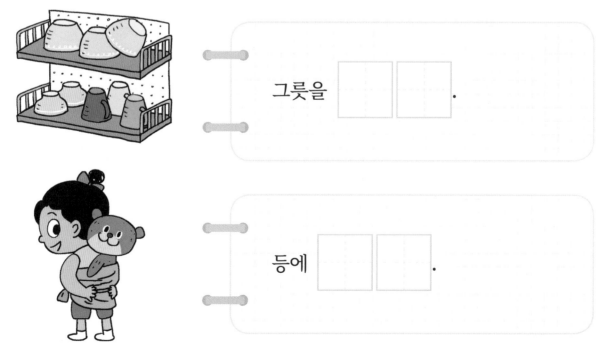

그릇을 [   ][   ] .

등에 [   ][   ] .

57 여의다 / 여위다

- **여의다** 죽어서 이별한다는 말이에요.
- **여위다** 살이 빠져서 마르고 앙상하게 된다는 말이에요.

✎ 또박또박 바르게 따라 써 보세요.

할	아	버	지	를		여	의	다	.

몸	이		여	위	다	.			

🍎 뜻을 생각하며 빈칸에 알맞은 말을 써 보세요.

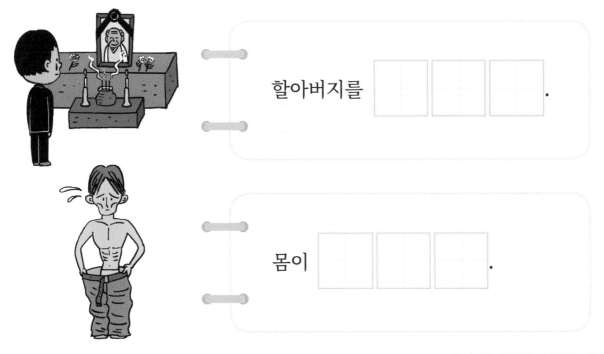

할아버지를 [ ][ ][ ] .

몸이 [ ][ ][ ] .

오직 / 오죽

- **오직** '여러 가지 가운데서 다른 것은 있을 수 없고 다만.'이라는 말이에요.
- **오죽** '얼마나. 어떤 정도까지.'라는 말이에요.

 또박또박 바르게 따라 써 보세요.

오	직		누	나	뿐	이	다	.	

오	죽		춥	겠	니	?			

🍎 뜻을 생각하며 빈칸에 알맞은 말을 써 보세요.

누나뿐이다.

춥겠니?

있다가 / 이따가

59

- **있다가** 어디에 위치하거나 머무른다는 말이에요.
- **이따가** '조금 지난 뒤에.'라는 말이에요.

✏️ 또박또박 바르게 따라 써 보세요.

집	에		있	다	가		갔	다	.

이	따	가		끝	나	고		갈	게	.

🍎 뜻을 생각하며 빈칸에 알맞은 말을 써 보세요.

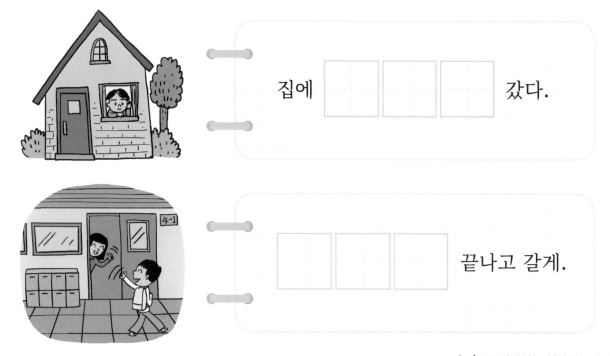

집에 ☐☐☐ 갔다.

☐☐☐ 끝나고 갈게.

익다 / 읽다

- **익다** 날것이 열을 받아 삶아지거나 구워지거나 쪄진다는 말이에요.
- **읽다** 글로 씌어 있는 것을 소리 내어 말하거나 눈으로 본다는 말이에요.

✏️ 또박또박 바르게 따라 써 보세요.

고	구	마	가		익	다	.		

책	을		읽	다	.				

🍎 뜻을 생각하며 빈칸에 알맞은 말을 써 보세요.

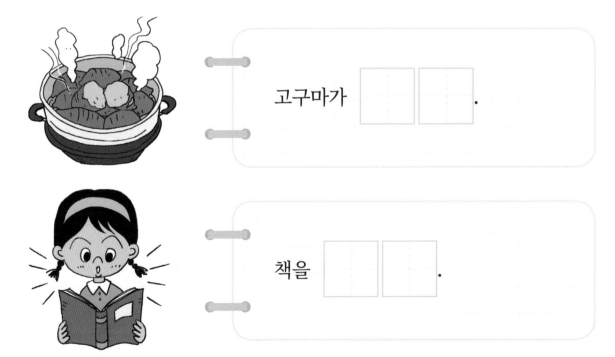

고구마가 [ ][ ] .

책을 [ ][ ] .

일절 / 일체

- **일절** '아주', '전혀', '절대로'의 뜻으로, 아니라고 하거나 행동을 금지할 때 써요.
- **일체** '모든 것. 관련된 것 모두.'라는 말이에요. '일체를'의 모양으로 쓰일 때에는 '전부' 또는 '완전히'의 뜻을 나타내요.

✏️ 또박또박 바르게 따라 써 보세요.

방	문		일	절		금	지	.	

재	산		일	체		나	눔	.	

🍎 뜻을 생각하며 빈칸에 알맞은 말을 써 보세요.

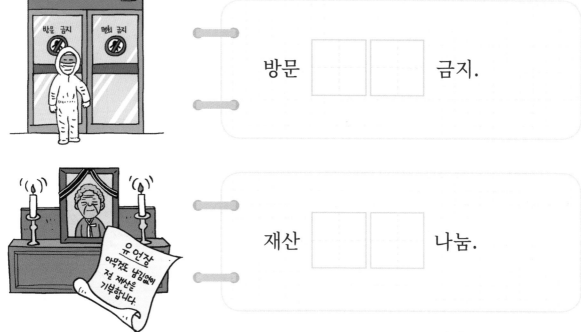

방문 □ □ 금지.

재산 □ □ 나눔.

잊다 / 잃다

- **잊다** 과거에 알거나 들었던 것을 기억하지 못한다는 말이에요.
- **잃다** 가졌던 물건이 자신도 모르게 없어져 그것을 갖지 않게 된다는 말이에요.

✏️ 또박또박 바르게 따라 써 보세요.

약	속	을		잊	다	.			

삼	각	자	를		잃	다	.		

🍎 뜻을 생각하며 빈칸에 알맞은 말을 써 보세요.

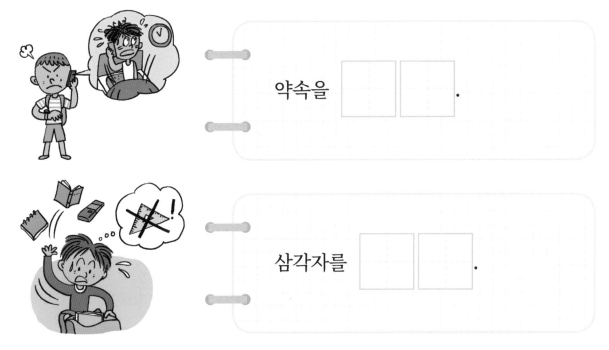

약속을 ☐☐ .

삼각자를 ☐☐ .

☞ 정답은 **99**쪽에 있어요.

1 그림을 보고 ( ) 안에 들어갈 알맞은 낱말을 골라 ○표를 해 보세요.

(1)

▲ 호빵을 (앉히다 , 안치다).

(2)

▲ 등에 (업다 , 엎다).

2 나타낸 낱말이 들어갈 알맞은 곳에 낱말을 써 보세요.

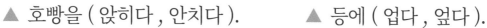

[읽다] 글로 씌어 있는 것을 소리 내어 말하거나 눈으로 보다.

(1)

▲ 책을 ☐ ☐ .

(2)

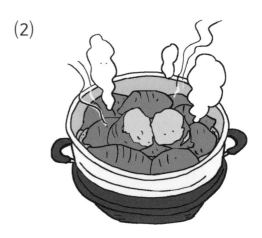

▲ 고구마가 ☐ ☐ .

3 그림을 알맞게 나타낸 문장을 찾아 선으로 이어 보세요.

(1)

- ㄱ 무섭게 어르다.

- ㄴ 무섭게 으르다.

(2)

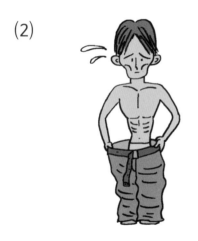

- ㄱ 몸이 여의다.

- ㄴ 몸이 여위다.

(3)

- ㄱ 재산 일체 나눔.

- ㄴ 재산 일절 나눔.

4 그림을 보고 밑줄 친 낱말을 바르게 고친 것을 찾아 ○표를 해 보세요.

(1)

● <u>오즉</u> 춥겠니?

➡ 오직 (　　)

오죽 (　　)

(2)

● 집에 <u>있따가</u> 산책을 갔다.

➡ 이따가 (　　)

있다가 (　　)

(3)

● 삼각자를 <u>일따</u>.

➡ 잊다 (　　)

잃다 (　　)

정답 1 (1) 안자시다 (2) 앉다 2 (1) 앉다 3 (1)-ⓒ (2)-ⓒ (3)-ⓒ 4 (1) 오죽 (2) 있다가 (3) 잃다

'ㅈ~ㅎ'으로 시작하는 헷갈리는 말

🔍 **만화 속 헷갈리는 말**

작다 / 적다 ● 장수 / 장사 ● 절이다 / 저리다 ●
젓 / 젖 ● 찢다 / 찧다

싱싱한 야채가 왔어요~

엄마!
야채 장수 아저씨가
오셨어요.

배추가
좀 작네요.

그래도 소금에
잘 절여서 맛있는
젓을 넣어서 무치면
아주 맛있어요~

아저씨,
장사 정말 잘하시네요.
배추 세 포기, 마늘, 파
주세요.

네~

하하

부엌

어멈아, 웬일이니?
배추가 소금에 잘
절여졌구나! 마늘을
찧어 주렴.

작다 / 적다

- **작다** 부피·크기·길이 등이 보통 또는 기준에 미치지 못한다는 말이에요.
- **적다** 수나 양이 보통 또는 기준에 미치지 못한다는 말이에요.

✏️ 또박또박 바르게 따라 써 보세요.

손	의		크	기	가		작	다	.

밥	이		적	다	.				

🍎 뜻을 생각하며 빈칸에 알맞은 말을 써 보세요.

손의 크기가 　　　.

밥이 　　　.

64

장수 / 장사

- **장수** 장사하는 사람이에요.
- **장사** 직업적으로 물건을 파는 일을 말해요.

✏️ 또박또박 바르게 따라 써 보세요.

사	과		장	수		아	저	씨	.

장	사	가		잘	되	다	.		

🍎 뜻을 생각하며 빈칸에 알맞은 말을 써 보세요.

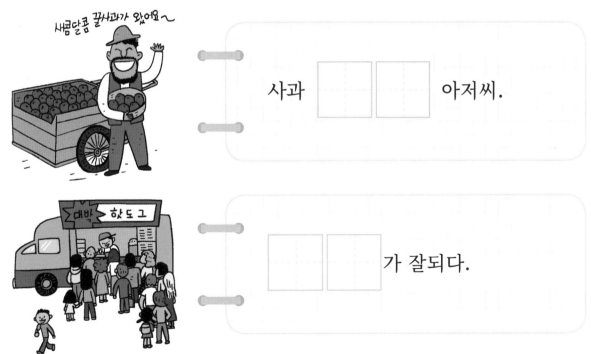

사과 ☐ ☐ 아저씨.

☐ ☐ 가 잘되다.

절이다 / 저리다

- **절이다** 채소에 소금물이 배어들게 한다는 말이에요.
- **저리다** 뼈마디나 몸의 일부가 오래 눌려서 피가 잘 통하지 못하여 감각이 둔하고 아린다는 말이에요.

✏️ 또박또박 바르게 따라 써 보세요.

소	금	에		절	이	다	.		

다	리	가		저	리	다	.		

🍎 뜻을 생각하며 빈칸에 알맞은 말을 써 보세요.

소금에 ☐ ☐ ☐ .

다리가 ☐ ☐ ☐ .

젓 / 젖

- **젓** 새우·조기·멸치 등의 생선이나, 조개·생선의 알 등을 소금에 짜게 절여 삭힌 음식이에요.
- **젖** 어미의 몸에서 나오는, 아기나 새끼의 먹이가 되는 하얀 액체예요.

✏️ 또박또박 바르게 따라 써 보세요.

새	우	로		만	든		젓	.	
젖		먹	는		아	기		염	소.

🍎 뜻을 생각하며 빈칸에 알맞은 말을 써 보세요.

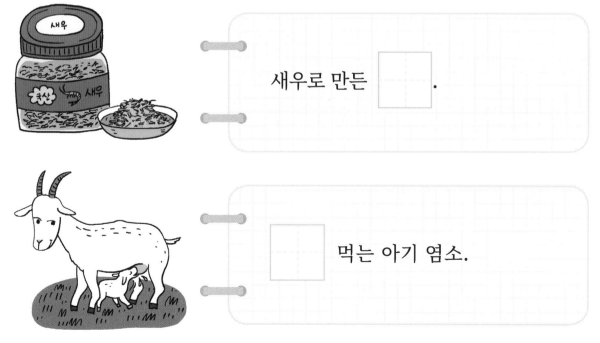

새우로 만든 ☐ .

☐ 먹는 아기 염소.

젓다 / 젖다

- **젓다** 액체나 가루 등이 고르게 섞이도록 손이나 빨대 등을 내용물에 넣고 이리저리 돌린다는 말이에요.
- **젖다** 물이 배어 축축하게 된다는 말이에요.

 또박또박 바르게 따라 써 보세요.

빨	대	로		음	료	를		젓	다.

비	에		젖	다.					

🍎 뜻을 생각하며 빈칸에 알맞은 말을 써 보세요.

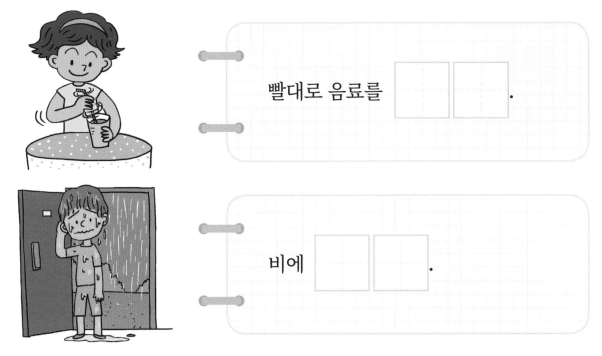

빨대로 음료를 ☐☐.

비에 ☐☐.

좇다 / 쫓다

- **좇다** 남의 말이나 어떤 생각을 따른다는 말이에요.
- **쫓다** 어떤 대상을 잡거나 만나기 위하여 뒤를 급히 따른다는 말이에요.

✏️ 또박또박 바르게 따라 써 보세요.

꿈	을		좇	다	.		

도	둑	을		쫓	다	.	

🍎 뜻을 생각하며 빈칸에 알맞은 말을 써 보세요.

꿈을 [ ][ ] .

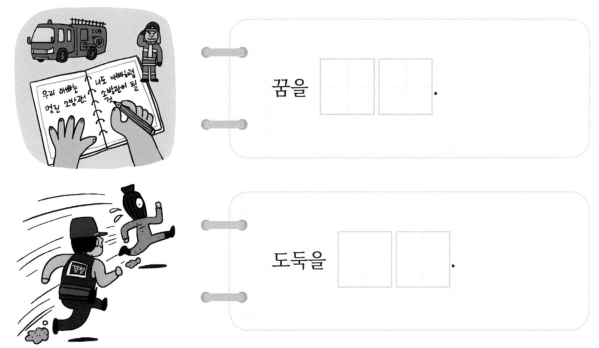

도둑을 [ ][ ] .

줄이다 / 주리다

- **줄이다** 무엇의 길이나 크기를 줄게 한다는 말이에요.
- **주리다** 제대로 먹지 못하여 배를 굶주린다는 말이에요.

✏️ 또박또박 바르게 따라 써 보세요.

바	지	를		줄	이	다	.		

배	를			주	리	다	.		

🍎 뜻을 생각하며 빈칸에 알맞은 말을 써 보세요.

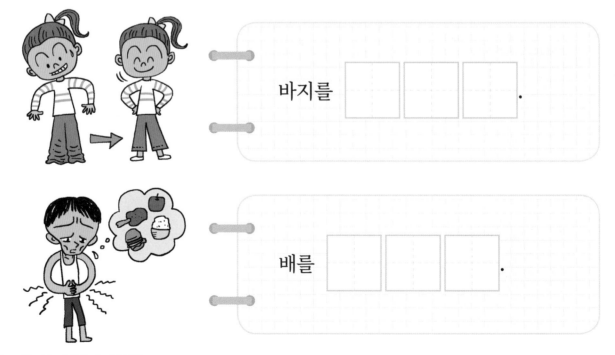

주체 / 주최

- **주체** 어떤 단체나 물건의 중심이 되는 부분이에요.
- **주최** 행사나 모임을 주장하고 일을 계획하여 연다는 말이에요.

 또박또박 바르게 따라 써 보세요.

학	교	의		주	체	인		학	생.

기	상	청		주	최	의		대	회.

🍎 뜻을 생각하며 빈칸에 알맞은 말을 써 보세요.

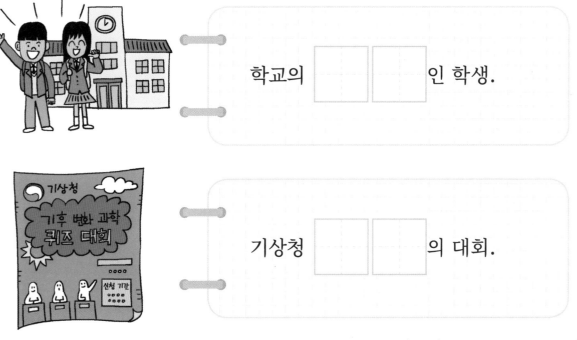

학교의 ☐☐ 인 학생.

기상청 ☐☐ 의 대회.

지긋이 / 지그시

- **지긋이** '나이가 비교적 많아 듬직하게.'라는 말이에요.
- **지그시** 가볍게 슬그머니 힘을 주거나 누르는 모양을 말해요.

 또박또박 바르게 따라 써 보세요.

나	이	가		지	긋	이		들	다.

눈	을		지	그	시		감	다	.

🍎 뜻을 생각하며 빈칸에 알맞은 말을 써 보세요.

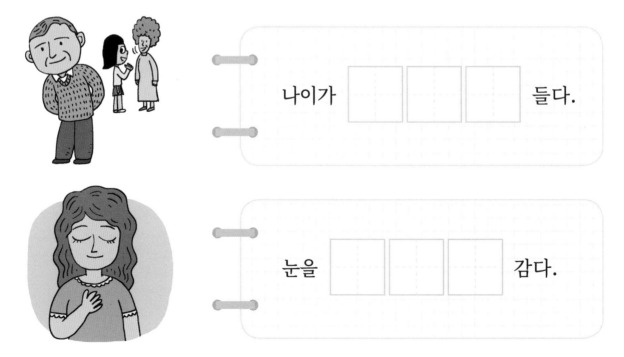

나이가 [ ][ ][ ] 들다.

눈을 [ ][ ][ ] 감다.

지향 / 지양

- **지향** 어떤 목표로 뜻이 끌려 향한다는 말이에요.
- **지양** 더 높은 단계로 오르기 위하여 어떠한 것을 하지 않는다는 말이에요.

✏️ 또박또박 바르게 따라 써 보세요.

행	복		지	향	.		

거	짓	말		지	양	.	

🍎 뜻을 생각하며 빈칸에 알맞은 말을 써 보세요.

행복 ☐ ☐ .

거짓말 ☐ ☐ .

집다 / 짚다

- **집다** 손가락이나 젓가락 등으로 물건을 잡아서 든다는 말이에요.
- **짚다** 손·지팡이 등을 바닥에 대고 몸을 가누거나 버틴다는 말이에요.

 또박또박 바르게 따라 써 보세요.

사	탕	을		집	다	.			

지	팡	이	를		짚	다	.		

🍎 뜻을 생각하며 빈칸에 알맞은 말을 써 보세요.

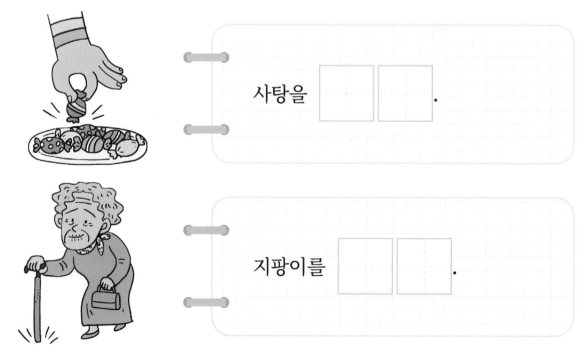

사탕을 ☐☐.

지팡이를 ☐☐.

짓다 / 짖다

- **짓다** 재료를 들여 밥, 옷, 집 등을 만든다는 말이에요.
- **짖다** 개가 목청으로 소리를 낸다는 말이에요.

✏️ 또박또박 바르게 따라 써 보세요.

집	을		짓	다	.			
개	가		짖	다	.			

🍎 뜻을 생각하며 빈칸에 알맞은 말을 써 보세요.

집을 ⬜⬜ .

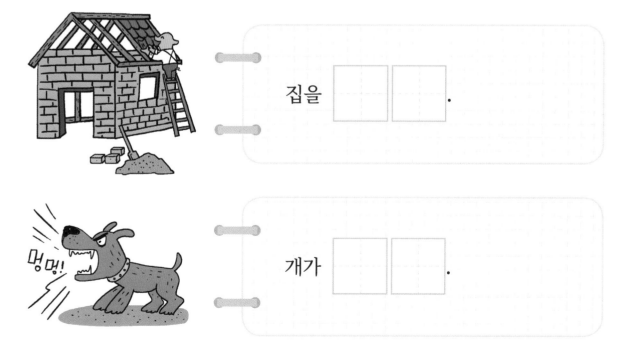

개가 ⬜⬜ .

찢다 / 찧다

- **찢다** 무엇을 갈라지게 한다는 말이에요.
- **찧다** 곡식 등을 잘게 만들려고 그릇에 담고 빻는 도구로 내리친다는 말이에요.

✏️ 또박또박 바르게 따라 써 보세요.

종	이	를		찢	다	.			

쌀	을			찧	다	.			

🍎 뜻을 생각하며 빈칸에 알맞은 말을 써 보세요.

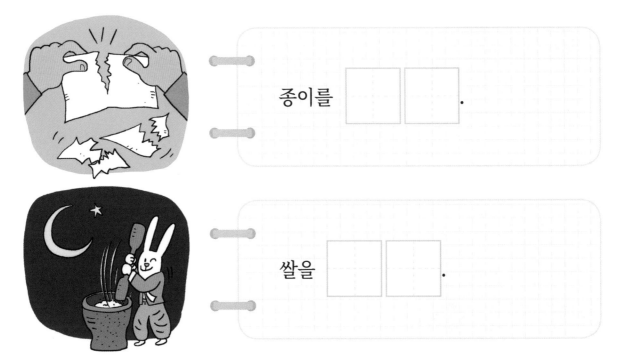

종이를 　　　.

쌀을 　　　.

76 출현 / 출연

- **출현** 없었거나 숨겨져 있던 사물이나 현상이 나타나서 보인다는 말이에요.
- **출연** 연기, 공연, 연설 등을 하기 위하여 무대나 연단에 나간다는 말이에요.

✏️ 또박또박 바르게 따라 써 보세요.

바	다	에		해	적		출	현	.

연	극		무	대		출	연	.	

🍎 뜻을 생각하며 빈칸에 알맞은 말을 써 보세요.

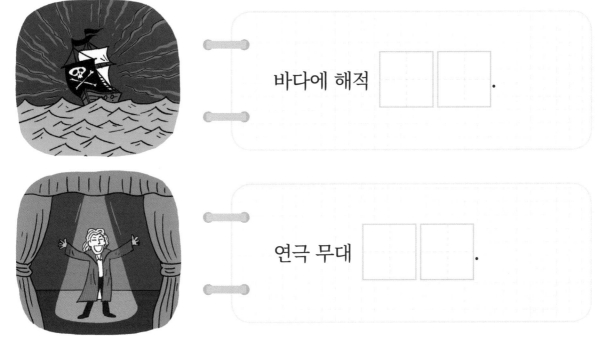

바다에 해적 ☐☐.

연극 무대 ☐☐.

텃세 / 텃새

- **텃세** 먼저 자리를 잡은 사람이 뒤에 들어오는 사람에게 힘을 부린다는 말이에요.
- **텃새** 철새와 달리 한 지방에서 처음부터 끝까지 계속해서 사는 새예요.

✏️ 또박또박 바르게 따라 써 보세요.

| 텃 | 세 | 가 | | 심 | 하 | 다 | . | | |
| | | | | | | | | | |

| 참 | 새 | 는 | | 텃 | 새 | . | | | |
| | | | | | | | | | |

🍎 뜻을 생각하며 빈칸에 알맞은 말을 써 보세요.

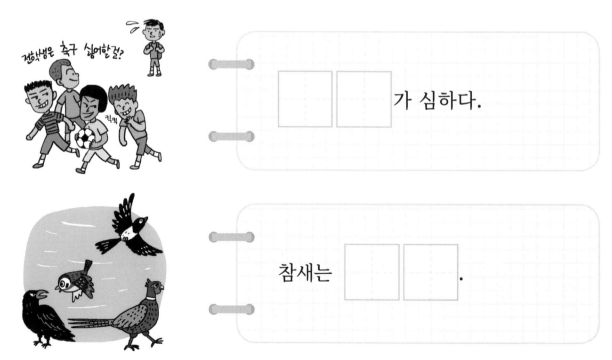

가 심하다.

참새는 ☐☐ .

78

한창 / 한참

- **한창** 어떤 일이 가장 활기 있고 왕성하게 일어나는 때예요.
- **한참** '꽤 오랜 시간.'이라는 말이에요.

✏️ 또박또박 바르게 따라 써 보세요.

한	창	때	에	는		잘	나	갔	다.

한	참		둘	러	보	다	.		

🍎 뜻을 생각하며 빈칸에 알맞은 말을 써 보세요.

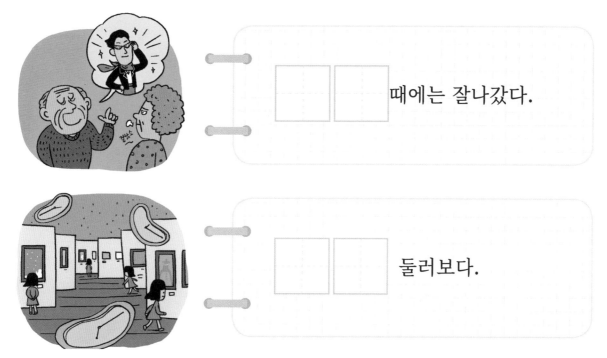

□□ 때에는 잘나갔다.

□□ 둘러보다.

79 해어지다 / 헤어지다

- **해어지다** 닳아서 떨어진다는 말이에요.
- **헤어지다** 모여 있던 사람들이 따로따로 흩어진다는 말이에요.

✏️ 또박또박 바르게 따라 써 보세요.

양	말	이		해	어	지	다	.	

친	구	와		헤	어	지	다	.	

🍎 뜻을 생각하며 빈칸에 알맞은 말을 써 보세요.

양말이 ☐ ☐ ☐ ☐ .

친구와 ☐ ☐ ☐ ☐ .

해치다 / 헤치다

80

- **해치다** 무엇을 상하게 하거나 해롭게 한다는 말이에요.
- **헤치다** 앞에 걸리는 것을 좌우로 물리친다는 말이에요.

✏️ 또박또박 바르게 따라 써 보세요.

건	강	을		해	치	다	.		

파	도	를		헤	치	다	.		

🍎 뜻을 생각하며 빈칸에 알맞은 말을 써 보세요.

건강을 ☐ ☐ ☐ .

파도를 ☐ ☐ ☐ .

맞춤법 퀴즈 술술

1 그림을 보고 ( ) 안에 들어갈 알맞은 낱말을 골라 ○표를 해 보세요.

(1)

▲ 밥이 (적다 , 작다).

(2)

▲ 배를 (주리다 , 줄이다).

(3)

▲ 개가 (짓다 , 짖다).

(4)

▲ 참새는 (텃세 , 텃새).

2 배운 내용을 떠올려 다음 낱말을 넣어 짧은 글을 써 보세요.

해치다 _____

정답 1 (1) 적다 (2) 주리다 (3) 짖다 (4) 텃새   2 예 건강을 해치다.